중국어 작문

中国语作文

유향란 저

JINSAEM 진샘미디어

머리말

본 교재는 한국에서의 중국어로 글 쓰는 교육에 발 맞추기 위해 작성되었으며 매 과는 본문, 새로 나온 단어, 문법, 연습문제, 중국어넌센스퀴즈, 중한영속담풀이, 원고지에 주어진 제목으로 글쓰기 등으로 구성되었고 모두 12개의 테마(자기소개, 가족소개, 축하 문 쓰기, 나의 하루 일과, 취미생활, 설명문 쓰기, 자신의 관점을 반영하는 의론문 쓰기, 중국의 음식문화, 중국환경문제, 중국법제소개)로 다루어져 있다. 특히 매 과마다 중국어와 영어로 된 속담풀이, 중국어넌센스퀴즈 등 다양한 내용이 들어있어 중국어를 즐겁게 배우도록 흥미를 불러일으키게 한다. 또한 신 HSK의 작문원고지 작성을 위해 책의 첫 부분에 중국어 문장부호와 원고지 작성규칙에 대해 소개하였다.

본 교재의 특징은 본문내용이 번체자로 쓰여져 있다는 것이다. 학생들로 하여금 번체자를 보고 간체자로 변환하여 습득하는 시간을 주고 본문 외의 다른 나머지 구성부분은 간체자로 작성되었다. 왜냐하면 신 HSK 대비에는 실질적인 문제풀이가 간체자로 나오기 때문에 학생들로 하여금 문제풀이와 원고지에 글쓰는 부분은 간체자로 습득하게 한다. 또한 현재, 중국 대륙에서만 간체자를 사용하며 기타 다른 한자문화권 지역에서는 번체자를 사용하고 있는 실정이다. 한국은 초, 중고등학교에서의 한자교육이 중시되어 있고 학생들이 먼저 접한 것도 번체자이다. 때문에 번체자를 사용하는 것이 중국어를 학습하려는 학생들에게 유리하다. 중국어 학습은 "번체자로 쓰고, 간체자로 아는" 또는 "간체자로 쓰고 번체자로 아는" 식의 학습이 학생들이 한국 내에서의 한자 응용에도 도움이 되리라 여긴다.

21세기는 아시아 3국시대로서 글로벌 인재라면 중국어뿐 아니라 일본어도 필수로 다가와서 학생들이 일본어 공부도 하고 있다. 여기서 일본어 한자와 번체자가 많은 면에서 비슷한 면과 연관성이 많기에 중국어와의 비교차원에서 책의 목록 부분에 제목만 일본어로도 표기해놓았으며 또한 국내외의 여러 중국어관련 서적들의 도움을 받았다는 점을 밝힌다.

이 책을 집필하는 과정에 남서울대학교 중국학과의 권용옥교수님께서 격려와 많은 조언을 주셨으며 이에 깊은 감사의 말씀을 드린다. 그리고 자료수집에 도움을 준 浙江大? 마광교수님께 진심으로 감사를 드린다. 본 교재가 여러분의 중국어 학습에 많은 도움이 되리라 믿으며 혹시라도 있을 부족한 부분에 대해 아낌없이 고귀한 의견을 주시기를 바란다.

저자

차례

一. 常用标点符号(문장부호)

句号 jùhào	。	문장의 끝에 쓰여 문장의 끝났음을 나타낸다. 我们是大学生。
逗号 dòuhào	，	문장 내의 잠시 쉼을 나타낼 때 쓴다. 明天上午，我要去图书馆。
问号 wènhào	？	의문문의 문장끝에 쓰인다. 你是谁？
感叹号 gǎntànhào	！	감탄문이나 명령문의 끝에 쓰인다. 多么美丽的风景啊！快回去！
顿号 dùnhào	、	문장내에서 병렬관계가 있는 단어 사이에 쓰인다. 他去过中国、日本、美国等几个国家。
冒号 màohào	：	대화내용을 이끌어낼 때 혹은 다음 문장을 이끌어낼 때 쓰인다. 他说："书店在前边。" 考试时间：8月8日 上午10点
引号 yǐnhào	" "	어떤 말을 인용할 때 쓰인다. "南首尔大"是南首尔大学的简称。
分号 fēnhào	；	복문에서 병렬관계가 있는 두 문장 사이에 쓰인다. 勤奋的人，为明天而努力；懒惰的人，只知道享受今天。
省略号 shěnglüèhào	……	말이나 내용을 생략할 때 쓰인다. 书昨天还放在这儿，可是今天……
破折号 pòzhéhào	—	앞의 내용을 보충 설명할 때 쓰인다. 韩国的代表食物—辣白菜。
书名号 shūmínghào	《》	책, 잡지, 신문, 노래, 영화, 공연, 글의 이름이나 제목을 나타낼 때 쓰인다. 我们昨天看了《功夫熊猫》。
连接号 liánjiēhào	—	뜻이 밀접한 관계의 두 단어를 연결할 때 쓰인다. 学校考试期间为9日-11日。

标点符号歌

句号（。）用它表示话说完。

逗号（，）句内停顿要用它。

顿号（、）并列词语点中间。

分号（；）并列分句中间点。

冒号（：）要说话儿写后边。

问号（?）表示一句问话完。

叹号（！）表示惊喜和感叹。

引号（“　”）内放引文或对话。

省略号（……）表示意思还没完。

破折号（——）表示解说、话题转。

书名号（《　》）书、刊名称放中间。

学标点，并不难，多看多练才熟练。

◎ 정확한 문장부호를 적어 넣으시오.

1. 北京是中国的首都□

2. 他叫什么名字□

3. 对于这个城市□他并不陌生□

4. 他十分惊讶地说□□啊□原来是你□□

5. 语言□人们用来抒情达意□文字□人们用来记言记事□

6. 他说□□我看到老虎啦□□

7. 中国有很多城市□有上海□杭州□天津等等□

8. 首尔□北京的飞机马上出发了□

9. 中国有名的城市□□杭州□

10. 桌上放着一本□中国语文□□

11. 上课的时候□认真学习□

12. 他有很多爱好□游泳□书法□摄影□□

二. 稿纸用法(원고지 작성법)

1) 제목은 첫 번째 줄 가운데 쓰는 것을 원칙으로 한다.

			我	的	学	校			

2) 매 단락 시작할 때 마다 두 칸을 비우고 시작한다.

		我	的	学	校	在	首	尔	的

3) 기본적으로 한자와 문장부호는 한 칸에 한 글자씩 쓴다.

市	中	心	，	很	漂	亮	。		

4) 원고지 마지막 칸에서 문장이 끝나 문장부호를 써야 할 경우 마지막 칸에 글자와 함께 쓴다. 원고지의 맨 왼쪽 첫 칸에는 문장부호를 쓰지 않는다.

		因	为	我	们	的	学	校	很	漂	亮,
所	以										

破折号(—) 와 省略号(……)는 두 칸을 차지한다.

韩	国	—	—			…	…		

冒号(:) 分号(;) 引号(“”) 등이 함께 나올 경우 한 칸에 함께 쓴다.

他	说	:“	书	店	在	那	里	。”	

5) 아라비아 숫자는 한 칸에 두 자씩 쓴다.

20	11	年	8	月					

6) 알파벳 소문자는 한 칸에 두 개씩 쓰고 대문자는 한 칸에 한 개씩 쓴다.

A	B				ab	cd	ef		

第一課
自我介绍

自己(じこ)紹介(しょうかい)

자기 소개하기

자기 소개하기

■ 課文 1

大家好！我來介紹一下。我姓金，叫金明，我是韓國人。我服了兩年兵役，剛剛複學。我今年二十五歲。我在南首爾大學學習漢語，現在讀大三。我住在南首爾大學的學生宿舍。我的愛好是讀書。我的電話是010-2355-9061。今天見到大家很高興。請多關照！

■ 課文 2 ： 自我介紹書

我叫金娜麗，是韓國南首爾大學中文系二年級的學生。我的專業是漢語。我學習漢語已經一年多了。我出生於首爾，今年二十一歲。我家有五口人：爺爺、奶奶、爸爸、媽媽和我。我是家裡的獨生女。爺爺、奶奶、爸爸、媽媽都非常喜歡我。我的性格開朗，喜歡交朋友。我的愛好是看書和聽音樂。每到週末，我喜歡喝朋友一起喝酒、聊天。大學畢業以後，我希望能找到一份好工作。

生词

自我	zìwǒ	자기, 자신
介绍	jièshào	소개하다
大家	dàjiā	여러분
金明	jīnmíng	찐밍(사람이름)
姓	xìng	성, 성씨
叫	jiào	~라고 부른다
韩国人	hánguórén	한국인
服兵役	fúbīngyì	군대에 복무하다
刚刚	gānggāng	금방, 막
复学	fùxué	복학하다
两年	liǎngnián	2년
今年	jīnnián	올해
岁	suì	살, 세(나이를 셀 때)
南首尔大学	nánshǒuěrdàxué	남서울대학교
学习	xuéxí	공부하다
汉语	hànyǔ	중국어
现在	xiànzài	지금
读	dú	읽다
大三	dàsān	대학 3학년
学生	xuéshēng	학생
宿舍	sùshè	기숙사
爱好	àihào	흥미, 흥취
书	shū	책
见	jiàn	만나다, 보다

高兴	gāoxìng	기쁘다
请多关照	qǐngduōguānzhào	잘 부탁드립니다
姓名	xìngmíng	이름
国籍	guójí	국적
性别	xìngbié	성별
年龄	niánlíng	연령
职业	zhíyè	직업
住址	zhùzhǐ	주소
电话	diànhuà	전화

语法

의문대명사 : 특수의문문

"什么，哪儿，哪，几，多少" 등 의문대명사를 써서 질문하는 형식의 문장을 말한다. 문장 끝에 물음표(?)를 붙여야 한다.

1. **사람과 사물을 묻는 谁，哪，什么**
   那个小姐是谁？
   你在哪个大学学习？
   你喜欢什么音乐？

2. **장소를 묻는 哪里，哪儿**
   你在哪里工作？
   你去哪儿？

3. **수량을 묻는 几，多少**
   你们学校有多少外国学生？
   你家有几口人？

4. **방법, 상태를 묻는 怎么，怎样，怎么样**
   泡菜怎么做？
   这件衣服怎么样？

※ 중국인들은 나이를 말할 때 보통 서방국가와 같이 "만"으로 말한다.

• 연장자에게 물을 때 : 您多大年纪了？ 您高寿？您贵庚？

• 낮춤말로는 : 你几岁(了)？你多大(了)？

■ 주어 + 在 + 장소 + 동사 + 명사

"在"는 대체로 뒤에 장소 등을 나타내는 단어가 대동한다.

李小花在北京大学学习汉语。

练习

○ 본문내용(1)에 근거하여 신상기록표 작성하기

姓名：	国籍：
身高：	体重：
性别：	年龄：
学校：	职业：
联系电话：	爱好：
住址：	

○ 신상기록표에 대해 묻는 의문문을 만들어보세요.

1. 姓名　：＿＿＿＿＿＿＿＿＿＿＿＿＿＿＿＿
2. 国籍　：＿＿＿＿＿＿＿＿＿＿＿＿＿＿＿＿
3. 性别　：＿＿＿＿＿＿＿＿＿＿＿＿＿＿＿＿
4. 年龄　：＿＿＿＿＿＿＿＿＿＿＿＿＿＿＿＿
5. 学校　：＿＿＿＿＿＿＿＿＿＿＿＿＿＿＿＿
6. 职业　：＿＿＿＿＿＿＿＿＿＿＿＿＿＿＿＿

7. 住址 : ____________________

8. 爱好 : ____________________

9. 联系电话 : ____________________

10. 理想 : ____________________

◎ 국가이름을 적으시오.

1. 한국 : ____________ 2. 중국 : ____________

3. 일본 : ____________ 4. 미국 : ____________

5. 영국 : ____________ 6. 프랑스 : ____________

7. 독일 : ____________ 8. 대만 : ____________

9. 스페인 : ____________ 10. 이태리 : ____________

11. 인도 : ____________ 12. 덴마크 : ____________

13. 필리핀 : ____________ 14. 태국 : ____________

◎ 중작하시오.

1. 이것은 누구의 책입니까?

2. 이번 출장은 어디로 가나요?

3. 이것은 언제 신문입니까?

4. 물이 왜 안 뜨겁지?

5. 당신은 어떻게 일본어를 배웠나요?

6. 이 귤과 저 귤 중에서 어느 것이 비쌉니까?

7. 당신 왜 늦게 왔어요?

◎ 넌센스 퀴즈(脑筋急转弯)

中国人讲什么话?

오늘의 속담 한마디

有志者，事竟成

뜻이 있는 곳에 길이 있다.

Where there is a will,there is a way.

作文 자기소개글 쓰기: 自我介绍

第二課
我有一个幸福的家

私の家族(かぞく)

가족 소개하기

가족 소개하기

我有一個非常幸福的家，家裡充滿了和諧和溫馨。我家有四口人，爸爸，媽媽，哥哥和我。

我的爸爸是公司的經理，每天都很忙。爸爸是這個家的支柱，他是個心胸寬廣，樂觀自信的人。他懂得很多道理，也有很好的品德。使我在做人和處事上得到了很大的啟發。他不管在生活上，單位上，社會上，處處都能贏得人們的讚揚與尊重。我的媽媽是大學老師，在大學裡教英語。媽媽愛看電視和逛街，我一有空就看書或者幫媽媽做家務。哥哥是北京大學三年級學生，他的專業是貿易。哥哥學習很努力。我今年二十歲，在北京外國語大學讀大二，我的專業是韓國語。休息天，爸爸媽媽帶我們到郊外去欣賞大自然。

我愛我的家。

生词

幸福	xìngfú	행복하다
非常	fēicháng	매우, 아주
充满	chōngmǎn	가득차다
和谐	héxié	조화롭다, 잘맞다
温馨	wēnxīn	아늑하다
经理	jīnglǐ	지배인, 사장
支柱	zhīzhù	기둥, 버팀목
心胸宽广	xīnxiōngkuānguǎng	도량이 넓다
乐观	lèguān	낙관적이다
自信	zìxìn	자신하다
懂	dǒng	알다
道理	dàolǐ	도리
品德	pǐndé	품성
使	shǐ	…하게 하다
处事	chǔshì	업무를 처리하다
启发	qǐfā	계발
单位	dānwèi	직장
社会	shèhuì	사회
赢	yíng	승리하다
赞扬	zànyáng	칭찬하다
尊重	zūnzhòng	존중하다
逛街	guàngjiē	쇼핑하다
专业	zhuānyè	전공
贸易	màoyì	무역

郊外	jiāowài	교외
欣赏	xīnshǎng	감상하다

○ 직업에 관련된 아래 단어들을 해석하시오.

董事长 : ______	总经理 : ______
老师 : ______	医生 : ______
律师 : ______	家庭主妇 : ______
大学生 : ______	中学生 : ______
售票员 : ______	会计师 : ______
空姐 : ______	播音员 : ______
教练 : ______	教授 : ______
护士 : ______	足球运动员 : ______

○ 친족호칭에 관련된 아래 단어들을 해석하시오.

曾祖父 : ______	曾祖母 : ______
祖父(爷爷) : ______	祖母(奶奶) : ______
父亲(爸爸) : ______	母亲(妈妈) : ______
伯父 : ______	伯母 : ______
叔叔 : ______	婶婶 : ______

姑姑	: ______	姑丈	: ______
哥哥	: ______	姐姐	: ______
弟弟	: ______	妹妹	: ______
堂哥	: ______	堂姐	: ______
堂弟	: ______	堂妹	: ______
表哥	: ______	表姐	: ______
表弟	: ______	表妹	: ______
侄子	: ______	侄女	: ______
外甥	: ______	外甥女	: ______

◎ 男女之间的称呼

一般朋友之间 ：男的朋友-女的朋友
谈恋爱的时候 ：男朋友-女朋友
订婚以后 ：未婚夫-未婚妻
结婚以后 ：先生-夫人

语法

有字句

"누가 무엇을 가지고 있다", "어디에 무엇이 있다"라는 표현을 할 때 동사 "有"를 사용한다. 이처럼 "有"가 술어로 쓰이는 문형을 "有字句"라고 하는데 주로 소유나 존재를 나타낸다.

1. 주어가 생물, 소유의 의미

我有两张电影票。
我有一个哥哥，一个弟弟。
我有一个幸福的家庭。

2. 주어가 무생물, 존재의 의미

教室里有一个学生。

3. 과거형태

了- : 완료
过- : 일찍이 …이 있었다
最近他的汉语有了明显的进步。
他有过去中国留学的机会，可是他放弃了。

4. 의문문의 형식으로 바꾸기

"有~吗？", "有没有~？", "有~没有？"
今年夏天我们有假期吗？
韩国有很多中国餐厅吗？
韩国有没有很多中国餐厅？
韩国有很多中国餐厅没有？

5. "有"의 부정은 "-没有"

练习

◎ 중작하시오.

1. 우리들은 모두 형이 있다.

2. 학교 앞에는 우체국과 빵집이 있다.

3. 학교에 사람이 없다.

4. 그는 독일유학의 기회가 있었지만 포기했었다.

5. 한국에 많은 이태리레스토랑이 있나요?

6. 강의실에는 한 명의 학생도 없다.

7. 나한테는 행복한 가정이 있다.

◎ 넌센스 퀴즈(脑筋急转弯)

你的爸爸的妹妹的堂弟的表哥的爸爸与你叔叔的儿子的嫂子是什么关系?

오늘의 속담 한마디

无风不起浪

아니 땐 굴뚝에서 연기 나랴.

There is no smoke without fire

作文 我的家

第三課
祝贺信

祝(いわ)い

축하문, 축사 쓰기

축하문, 축사 작성해보기

■ **입학축하 :** 金明的好朋友大卫考上了北京大学研究生。

大衛 :

聽說你優秀的成績考上了北京大學研究生，我真為你高興！真羡慕你！考上北京大學研究生是我的目標。我想, 你在中國留學一定非常努力，對吧？今後我也要向你刻苦學習，實現我的目標。

最後祝你百尺竿頭、更進一步！

你的朋友 金明

8月12日

■ **당선축하 :** 大卫的朋友王平当选了公司总裁

親愛的王平 :

聽說你當選了公司總裁我表示熱烈的祝賀。我知道你很有天賦，而且為了實現這個目標你付出了很大的努力。這麼多年的努力終於得到了回報, 你該多麼高興啊! 你的成功對我來說是個莫大的鼓勵。

最後，祝你鵬程萬里！

預祝你取得更大的成功。

你的朋友 大衛

1月20日

生词

优秀	yōuxiù	우수하다
成绩	chéngjì	성적
羡慕	xiànmù	흠모하다, 부러워하다
目标	mùbiāo	목표
刻苦	kèkǔ	노고를 아끼지 않다
百尺竿头	bǎichǐgāntóu	학문이나 사업의 높은 성취
当选	dāngxuǎn	당선되다
总裁	zǒngcái	총재
热烈	rèliè	열렬하다
祝贺	zhùhè	축하하다
天赋	tiānfù	천부적이다
付出	fùchū	바치다
回报	huíbào	보답하다
莫大	mòdà	막대하다
鼓励	gǔlì	격려하다
鹏程万里	péngchéngwànlǐ	장래가 유망하다

语法

祝贺信(축하문)

축하문은 현대 사회의 사교활동에서 자주 사용되는 문서의 형식중의 하나이다. 개인 혹은 단체에 경사로운 일이 생겼을 때 축하를 표시하는 서신을 축하문이라고 한다. 예를 들면 누군가 승진했을 때, 개업했을 때, 입학했을 때, 졸업했을 때, 결혼했을 때 등등입니다. 신문에서 자주 볼 수 있는 축전과 축사도 축하편지의 형식이다. 격식은 편지의 형식과 같다. 호칭, 본문, 서명, 날자의 순서로 적는다. 본문 내용은 아래와 같이 포함된다.

① 상대방의 경사에 자기의 마음을 표현하거나 축하선물을 보내는 이유를 적는다.

② 경사가 있기 전의 상대방의 노력과 공을 긍정적으로 인정하여 주로 치하하며 찬사를 아끼지 않는다.

③ 진심으로 축하하거나 축복의 덕담을 적는다.

- **听说 : 듣자하니, 들은바에 의하면**
  听说你通过了HSK六级考试，我真为你高兴。
  听说这里的茶很有名。

- **羡慕 : 부러워하다**
  老师羡慕你们这么年轻、这么有活力。
  金娜丽羡慕大卫汉语说得那么好。

- **多么 : 얼마나 ...한가! 감탄할 때 쓰인다.**
  这里的风景多么美丽啊！

练习

◎ 중작하시오.

1. 찐밍은 찐나리가 중국에 유학갈수 있는 것을 부러워한다.

2. 듣자하니 다음 달에 왕핑이 결혼한다고 한다.

3. 얼마나 좋은 소식인가~!

4. 이번 주 토요일에 데이빗의 생일파티가 있다고 한다.

5. 그는 친구가 좋은 직장에 취직한 것을 부러워한다.

6. 그는 장학금을 받게 되어서 얼마나 기쁠까~!

넌센스 퀴즈(脑筋急转弯)

美国人登陆月球,第一句话是什么?

오늘의 속담 한마디

掩耳盗铃

귀막고 방울 훔치기, 눈 가리고 아웅한다.

The cat shuts its eyes when stealing.

作文 1. 친구가 장학금을 받게 되었을 때

作文 2. 친구가 HSK 6급 시험을 통과하였을 때

第四課
我的一天

私の一日(いちにち)

하루 일과 적어보기

하루 일과 적어보기

我的週末生活相當精彩，我總覺得是那樣的有趣。我不喜歡睡懶覺，週六和周日一大早，我就起床了。按照慣例，當然是出去運動。我從七點到八點運動，回家吃早飯。每次都是一身汗，但一點兒也不累，心情很舒暢。十點多，先做作業，然後打掃房間。因為每門課作業都很多，但是簡單，所以一般的都能對付。星期六下午，我經常去北京大學見我的韓國朋友。我的朋友在北京大學學習漢語，他說漢語非常流利。見到朋友先聊天，然後一起出去吃晚飯。吃完飯，回到家上網看新聞。其實網站上很多的新聞圖片和視頻是電視、報紙上沒有的。國家大事，世界新聞只要輕輕點鼠标，即可一目了然。

這就是我的週末生活，很不錯吧？

生词

周末	zhōumò	주말
相当	xiāngdāng	상당히, 무척
精彩	jīngcǎi	근사하다, 멋지다
觉得	juéde	…라고 여기다
有趣	yǒuqù	재미있다
睡懒觉	shuì lǎnjiào	늦잠을 자다
按照	ànzhào	…에 따라
惯例	guànlì	관례
汗	hàn	땀
一点儿	yìdiǎnr	조금도
心情	xīnqíng	기분
舒畅	shūchàng	상쾌하다
打扫	dǎsǎo	청소하다
对付	duìfu	다루다
经常	jīngcháng	자주
流利	liúlì	유창하다
聊天	liáotiān	이야기하다
上网	shàngwǎng	인터넷하다
新闻	xīnwén	뉴스
其实	qíshí	사실
网站	wǎngzhàn	인터넷사이트
图片	túpiàn	그림
视频	shìpín	동영상

报纸	bàozhǐ	신문
点	diǎn	클릭하다
鼠标	shǔbiāo	마우스
一目了然	yímùliǎorán	일목요연하다

○ 본문 내용을 하루의 일과표로 작성하기

什么时候	做什么

语法

连动句(연동문)

한 문장에 두개 혹은 두개 이상의 동사가 연용되어 동일한 주어를 진술하는 문장을 연동문이라고 한다. 기본형식은 "주어 + 동사1 + (목적어1) + 동사2 + 목적어2" 이며 동사1과 동사2는 의미상에서 밀접한 관련이 있다.

1. 동사1과 동사2가 의미상 동작이 행해지는 선후관계 표시하는 경우

我每天六点起床运动。

2. 동사1과 동사2의 목적어가 같고 동사2가 동사1의 목적을 나타내는 경우

他煮了一碗面吃。

儿子跟妈妈要钱花。

3. 동사1이 동사2의 진행의 방식, 수단을 나타내는 경우

他骑自行车上学。

我每天开车上班。

4. 앞의 동사가 "有" 혹은 "没有"인 경우

金大成有几个问题要问你。

他最近有钱用吗？

- **从…到 : (부터 ~까지)**

  시간이나 장소의 범위를 나타낼 때 쓰인다.

  他从九点到十点做作业。

- **先…然后 : (먼저 ~한 다음 ~하다)**

  周末先做完作业，然后去公园玩。

- **因为…，所以 : (~이기 때문에 ~이다)**

  기본 형식은 "因为 원인이나 이유，所以 결과"

  因为天气不好，所以我们没去旅行。

练习

◎ 중작하시오.

1. 누워서 텔레비전을 보지 마라

2. 샤오 리는 아침 6시에 일어나 운동한다.

3. 그들은 모두 살 집이 있다.

4. 그는 숙제를 다하고 잠시 누웠다.

5. 찐따청은 버스를 타고 등교한다.

6. 그는 8시부터 10시까지 뉴스를 본다.

7. 그는 먼저 숙제를 하고 나서 방을 청소한다.

8. 도로에 차가 막혀서 회의에 늦었다.

◎ 문장을 완성하시오.

1. 因为我的手机没电了,________________________________。

2. ________________________________,所以我猜想您是韩国人。

3. 因为饭店里人不多,________________________________。

4. 星期六先去图书馆, ________________________________。

5. 他从______________________到看电视。

◎ 넌센스 퀴즈(脑筋急转弯)

什么东西你有,别人也有,虽然是身外之物,却不能交换?

오늘의 속담 한마디

初生牛犊不怕虎

하룻강아지 범 무서운 줄 모른다.

The more wit, the less courage.

作文 我的一天

第五課
爱好

趣味(しゅみ)

취미생활 적어보기

취미생활 적어보기

金明有很多愛好。比如說，書法、圍棋、繪畫、聽音樂什麼的。書法是八歲開始學的。

最近最讓金明煩惱的就是他的體重問題。每當學校舉行運動會時，那些體育項目都與他無緣，上體育課時的體操鍛煉，他都累得氣喘吁吁，更別說那些跑呀、跳呀的活動了，運動會上也只有給別的同學加油鼓勁的份了。自從放了暑假，他就給自己訂下了一個運動計畫：每天早晚到西湖公園周邊走兩圈。剛開始走一、兩圈的時候，金明就感覺到了疲乏，腰酸腿疼，真的有點洩氣了，但一想到自己訂下的計畫，還有自己的體重問題，他還是鼓起勇氣走了下去。經過一個月的鍛煉，走路已不再是什麼大問題了。暑假他還有了新的愛好，是打乒乓球。雖然不是打得很棒，但是他覺得很有意思。

現在，金明的生活已離不開了運動，因為運動給予了他歡樂、給予了他活力、給予了他自信！

生词

书法	shūfǎ	서예
围棋	wéiqí	바둑
绘画	huìhuà	그림을 그리다
烦恼	fánnǎo	고민
体育项目	tǐyùxiàngmù	스포츠 경기종목
无缘	wúyuán	인연이 없다
锻炼	duànliàn	단련하다
气喘	qìchuǎn	숨이 차다, 헐떡거리다
吁吁	xūxū	씩씩
加油	jiāyóu	화이팅
鼓劲	gǔjìn	기운을 북돋우다
份	fèn	몫
暑假	shǔjià	여름방학
订	dìng	세우다
计划	jìhuà	계획
圈	quān	바퀴
疲乏	pífá	피곤하다
酸	suān	시큰시큰하다
泄气	xièqì	자신감을 잃다
勇气	yǒngqì	용기
乒乓球	pīngpāngqiú	탁구
给予	gěiyǔ	주다
欢乐	huānlè	즐겁다
活力	huólì	활력
自信	zìxìn	자신감

语法

능원동사 (HSK 5급)

■ **능원동사 종류**

- 능력, 허가 : 能 会 可以
  他会说汉语。
- 희망, 의욕 : 想 要 肯 敢
  小李想当一名空姐。
- 필요, 의무 : 应该 得 要
  你应该好好学习。
- 평가 : 值得 可以
  他的行动值得表扬。

■ **어법상의 특징**

- 동사, 형용사 및 단어와 단어가 결합된 구나 절만 수식한다.
  你**能**说汉语吗?
  你**应该**道歉。
- 능원동사는 중첩할 수 없다.
  你不明白**可以**问问他。
- 능원동사 뒤에 了，着，过가 올 수 없다.
  他**会**说简单的汉语了。(예외)
  상태의 변화를 나타내는 "了" 예외
- 긍정, 부정을 병렬한 방식을 사용하여 의문을 나타낼 수 있다.
  会不会来/ 会来不会来

■ **의문문으로 바꾸기 : 会…吗/会不会**

他会打乒乓球吗?
他会不会打乒乓球?

■ **부정문의 형식 : 不…**

他不会打乒乓球。

■ **虽然 …, 可是 … : 비록 …하지만**

可是---但是，不过

虽然已经到了春天，可是天气还冷。

这孩子虽然年纪小，可是很懂事。

虽然外表很漂亮，可是不实用。

■ **是…的… : 강조의 역할**

她是1990年在首尔出生的。

练习

◎ 중작하시오.

1. 그는 영화를 보고 싶어 한다.

2. 이번 여름방학 때 그는 미국여행을 하려고 한다.

3. 좋은 성적을 받으려면 열심히 공부해야 한다.

4. 그의 행동은 표창을 받을 가치가 있다.

5. 이미 봄은 다가왔지만 날씨는 아직도 춥다.

6. 이 어린이는 나이가 어리지만 아주 철이 들었다.

7. 이 책은 어제 학교 서점에서 산 것이다.

8. 그는 스키를 탈줄 안다.

◎ 넌센스 퀴즈(脑筋急转弯)

太平洋的中间是什么?

오늘의 속담 한마디

坐井观天

우물 안의 개구리

The frog in the well knows nothing of the great ocean.

作文 我的爱好

第六課
我的梦想

私の夢(ゆめ)

자신의 꿈 적어보기

자신의 꿈 적어보기

我是1991年在首爾出生的。我家有五口人，爸爸是律師，媽媽是醫生。我有一個哥哥和一個妹妹，哥哥是大學生，妹妹是中學生。

我是南首爾大學的二年級學生，是2011年入學的。我的專業是漢語。現在在北京外國語大學留學。我有很多愛好，比如聽音樂、畫畫、踢足球、打乒乓球、游泳。這個學期我認識了一個新朋友，是金明介紹的。他叫大衛，是法律系國際法專業二年級的美國留學生。大衛又聰明又用功，而且對運動很感興趣。我們經常一起出去踢足球、打羽毛球、爬山。鍛煉身體對健康有好處。北京外國語大學除了我們以外，還有很多外國留學生。

我學漢語的時候，最大的問題是不認識漢字。我問金明怎麼辦。金明讓我跟他學書法，還讓我讀課文的時候，不要只看拼音。我想只要努力學習，多看多寫，就一定能學好。

有志者，事竟成。許多人都有自己的夢想。我大學畢業以後，想考北京大學中文系的研究生，因為我對中國的歷史和文化很感興趣，希望我能實現我的心願。

生词

首尔	Shǒuěr	서울
律师	lǜshī	변호사
医生	yīshēng	의사
专业	zhuānyè	전공
爱好	àihào	취미
比如	bǐrú	예를 들어
法律	fǎlǜ	법률
聪明	cōngming	똑똑하다
用功	yònggōng	노력하다
锻炼	duànliàn	단련하다
书法	shūfǎ	서법
拼音	pīnyīn	병음
梦想	mèngxiǎng	꿈
研究生	yánjiūshēng	대학원생
历史	lìshǐ	역사
实现	shíxiàn	실현하다
心愿	xīnyuàn	염원

语法

○ 兼语句 (겸어문)

첫 번째 동사의 목적어가 두 번째 동사의 주어역할을 겸하는 문장 : 겸어문

사역의 의미를 나타내며 "…하게 하다"

사역의 의미를 나타내는 동사

请	派	叫	让
使	要	准(许)	
命令	打发	要求	禁止 吩咐

老师要我认真学习。
我们请李老师唱歌儿。
谁叫你这样做？

- **除了…（外），还(也)… : ~을 제외하고 또 ~이다.**
  앞에서 언급한 외에 또 다른 것이 있음.
  除了红茶，我还喜欢喝绿茶。
  除了小王以外，小张也会说英语。

- **除了…，都… : ~외에 모두 ~이다.**
  앞에서 언급한 것을 배제한다.
  除了大卫以外，我们都去过长城了。

- **对… 感兴趣 : ~에 흥미를 느끼다.**
  他对运动很感兴趣。

- **对… 有好处 : ~에 이롭다**
  多吃水果对身体有好处。

- **比如 : 예를 들면**

  "예를 들면"이라는 뜻으로 예를 들어 설명할 때 쓰는 접속사이다. "例如"로 바꿀 수도 있다.

  我的放家里有很多电器，比如电视、洗衣机、空调。
  他想去很多国家旅行，比如法国、日本、英国。

- **又…又… : 여러 가지 상황이 동시에 존재**

  橘子又大又甜。

练习

◎ 중작하시오.

1. 우리는 그를 초빙하여 연설을 한번 좀 부탁하려고 한다.

2. 아버지는 내가 밖에서 외박하는 것을 허락하지 않는다.

3. 사장은 직원한테 오늘저녁에 특근하도록 요구했다.

4. 귤은 크기도 하고 달콤하다.

5. 홍차 외에 그는 또 커피 마시는 것을 좋아한다.

6. 데이빗을 제외하고 우리들은 모두 만리장성에 가본적이 있다.

7. 그는 운동에 흥미를 가지고 있다.

8. 그는 외국에 가고 싶은데 예를 들면 미국, 영국, 일본 등이다.

◎ 넌센스 퀴즈(脑筋急转弯)

什么油不能点燃?

오늘의 속담 한마디

苦尽甘来

고생 끝에 낙이 온다.

Pleasure comes through toil.

작문 我的梦想

第七課
中国

中国(ちゅうごく)

설명문 적어보기

설명문 적어보기

中國具有五千年的文明和歷史，是世界四大文明古國之一。它對人類歷史、世界文明都有非常大的影響。中國位於亞洲的東部，太平洋西岸，它的版圖被形象地比作一隻頭朝東尾朝西的金雞，有許多鄰國。與中國接壤的國家有蒙古、俄羅斯、朝鮮、緬甸、老撾、越南、印度、尼泊爾等。與中國國隔海相望的有韓國、日本、菲律賓、馬來西亞、汶萊、印尼等國家。中國陸地面積約960萬平方公里，在世界各國中，僅次於俄羅斯、加拿大，居第三位。中國有12億人口，是世界上人口最多的國家，占世界人口的四分之一。中國有23個省、4個直轄市、5個自治區和2個特別行政區。首都是北京，北京是中國政治、文化和教育的中心。上海是經濟中心。除了北京、上海以外，中國還有許多大城市，比如杭州、廣州、深圳、天津、重慶等等。

生词

具有	jùyǒu	가지다
人类	rénlèi	인류
位于	wèiyú	…에 위치하다.
亚洲	Yàzhōu	아시아주
太平洋	Tàipíngyáng	태평양
西岸	xīàn	서쪽 해안
版图	bǎntú	판도
形象	xíngxiàng	이미지
比作	bǐzuò	…에 비교하다.
金鸡	jīnjī	금계
邻国	línguó	이웃 나라
接壤	jiērǎng	경계를 접하다.
蒙古	Měnggǔ	몽골
俄罗斯	éluósī	러시아
朝鲜	Cháoxiǎn	조선
缅甸	Miǎndiàn	미얀마
老挝	Lǎowō	라오스
越南	Yuènán	베트남
印度	Yìndù	인도
尼泊尔	Níbóěr	네팔
相望	xiāngwàng	마주하다
菲律宾	Fēilǜbīn	필리핀
马来西亚	Mǎláixīyà	말레이시아
文莱	Wénlái	브루나이

印度尼西亚	Yìndùníxīyà	인도네시아
陆地	lùdì	육지
面积	miànjī	면적
仅次	jǐncì	버금
加拿大	Jiānádà	캐나다
亿	yì	억
人口	rénkǒu	인구
占	zhàn	차지하다
省	shěng	성
直辖市	zhíxiáshì	직할시
自治区	zìzhìqū	자치구
特别行政区	tèbiéxíngzhèngqū	특별 행정구
首都	shǒudū	수도
政治	zhèngzhì	정치
教育	jiàoyù	교육
经济	jīngjì	경제
大城市	dàchéngshì	대도시
杭州	Hángzhōu	항저우
广州	Guǎngzhōu	광저우
深圳	Shēnzhèn	선전
天津	Tiānjīn	텐진
重庆	Chóngqìng	충칭

语法

◎ 说明文(설명문)

사물의 상황이나 현상을 설명하는 문장을 설명문이라고 한다.

설명문의 요점은 아래와 같다.

① 설명문을 쓸 때 반드시 한 가지 객관적인 태도로 사물이나 현상에 대해 과학적인 설명과 소개를 해야 하며 또한 실사구시적이야 한다.

② 설명문의 범위는 넓다. 동물, 식물, 풍경, 문학작품, 스포츠, 명절 등 구체적인 사물에 대해 설명과 소개를 할 수 있고 또한 추상적인 정치현상, 사회현상에 대해서도 설명을 할 수 있다.

③ 설명문은 설명을 위주로 하고 사물의 특점에 대해 조리 있게 설명하며 언어는 간결하고 알기 쉽게 쓰는 것이 원칙이다.

■ 존재를 나타내는 문장

- "有" 字句 : 소유, 존재

  장소 + 有 + 사람/사물

  书架上有一本中韩词典。

- "在"字句

  사람/사물 + 在 + 장소

  桌子在柜子的南边。

- "是"字句

  장소 + 是 + 사람/사물

  宿舍旁边是运动场。
  首尔站后边有银行。
  银行在首尔站后边。
  首尔站后边是银行。

- **存现句**

  사람이나 사물의 존재, 출현, 소실을 나타낸다.

  停车场停着五辆车。

  墙上挂着一幅画。

  昨天搬走了一个美国学生。

※ 각각 예문 하나씩 만들어보세요.

练习

◎ 중작하시오.

1. 학교 옆은 서점이다.

2. 우리학교에는 많은 외국학생이 있다.

3. 책상은 장롱남쪽에 있다.

4. 길에는 많은 사람이 있다.

5. 벽에 중국지도 한 장이 걸려있다.

6. 우리 기숙사에서 학우 세 명이 이사 갔다.

7. 책상위에는 TV가 놓여 있다.

○ 넌센스 퀴즈(脑筋急转弯)

金娜丽明天考试，她已经把英语考试内容背得很好，第二天考试还是不及格，为什么？

오늘의 속담 한마디

千里之行，始于足下

천리 길도 한 걸음으로 시작된다.

He would climb the ladder must begin at the bottom.

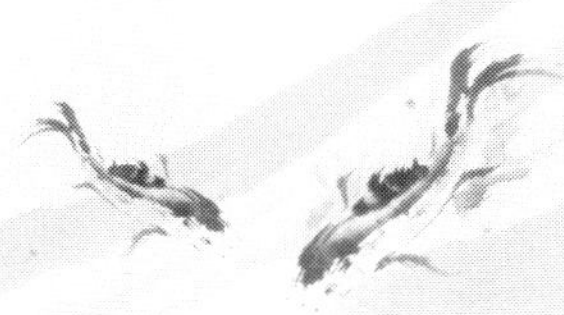

作文 介绍一下你的国家。

第八課
交通工具

乘(の)り物(もの)

교통수단 알아보기

교통 수단에 대해 알아보기

我們的學校坐落在市中心的南邊。從市中心到學校比較遠，如果坐計程車(出租车)的話，100元左右。學校附近既有公共汽車站又有地鐵站，交通很方便。

學校的西邊有一座山，風景不錯，離學校不太遠。不用打的，也不用坐公共汽車，騎自行車半個多小時就到了。我們平時上學，只有週末才有時間。這個週末，我們打算帶點兒吃的、喝的，去爬山、野餐、拍拍照。

暑假我打算去中國北京學習漢語。從這裡到北京坐飛機需要兩個小時。坐船也可以去中國。坐船去中國雖然費用便宜，但是得花十幾個小時，我覺得太浪費時間，所以我預定了機票。我很期待在中國的留學生活。

聽說去年去北京留學的我的師兄在那裡新買了一輛摩托車，每天騎摩托車上學很方便，哈哈。在中國，騎摩托車需要辦理摩托車駕駛證嗎？知道的同學，請告訴我。

中英车牌比较

	Benz 奔驰		BMW 宝马
	Audi 奥迪		Opel 欧宝
	Volkswagen 大众		Porsche 保时捷
	Man 猛狮		Ferrari 法拉利
	Fiat 菲亚特		Buick 别克
	Volvo 沃尔沃		Peugeot 标致
	Nissan 尼桑		Toyota 丰田
	Honda 本田		Mazda 马自达
	Daewoo 大宇		Hyundai 现代
	Kia 起亚		Ssangyong 双龙

生词

坐落	zuòluò	…곳에 위치하다
出租车	chūzūchē	택시
附近	fùjìn	근처
交通	jiāotōng	교통
风景	fēngjǐng	풍경
周末	zhōumò	주말
野餐	yěcān	야외에서 먹는 식사
暑假	shǔjià	여름 방학
飞机	fēijī	비행기
需要	xūyào	필요하다
船	chuán	배
费用	fèiyòng	비용
花	huā	쓰다
浪费	làngfèi	낭비하다
预定	yùdìng	예약하다
机票	jīpiào	항공권
期待	qīdài	기대하다
师兄	shīxiōng	동문 남자 선배
摩托车	mótuōchē	오토바이
骑	qí	타다
办理	bànlǐ	처리하다
驾驶证	jiàshǐzhèng	운전 면허증

语法

시량보어

동작이나 상태가 얼마간 지속되었는지 보충 설명하는 보어를 시량보어라고 한다.

기본문형은 동사 + 了(1) + 시량보어 + (了)(2)

여기서 了(1) : 완료조사, (了)(2) : 지속을 나타내는 조사

我坐了两个小时。(완료형)

我坐了两个小时了。(현재 진행형)

1. **목적어가 있을 때 문형**

   동사 + 목적어 + 동사 + 了 + 시량보어 + (了)

   혹은 동사 + 了 + 시량보어(的) + 목적어 + (了)

   我坐火车坐了两个小时。혹은 我坐了两个小时的火车。

2. **주의 할 점은 목적어가 인칭대명사나 호칭인 경우**

   동사 + 了 + 목적어(인칭대명사 혹은 호칭) + 시량보어 + (了)

   혹은 동사 + 목적어(인칭대명사 혹은 호칭) + 동사 + 了 + 시량보어 + (了)

   我等了你十分钟。혹은 我等你等了十分钟。

   我等了你十分钟了。혹은 我等你等了十分钟了。

- **既 …又… : ~이기도 하고 ~이기도 하다.**

  又…又… : 단음절동사나 정반형식만 가능

  附近既有公共汽车站又有地铁站。

  橘子又大又甜。

- **如果(要是，假如)…(就): …만약 …라면**

  如果你来韩国，我一定带你去。

- **只有… 才… : ~해야만 ~이다.**

  유일한 조건과 이에 따른 결과를 나타낸다.

  只有他来才能解决问题。

练习

◎ 중작하시오.

1. 아파트 근처에는 우체국도 있고 서점도 있다.

2. 여기서 전철역까지 비교적 멀다. 만약 택시를 탄다면 100위앤 가량 필요할 것이다.

3. 주말이여야만 동생은 시간이 있다.

4. 그가 와야만 문제를 해결할 수 있다.

5. 10분만 걸어가면 우리 학교에 도착한다.

6. 그는 전화를 한참동안 하고 있다.

7. 그는 전화를 한참동안 하였다.

◎ 넌센스 퀴즈(脑筋急转弯)

什么办法可以使冰很快变成水？

오늘의 속담 한마디

情人眼里出西施

눈에 콩깍지가 씌이다. 제눈의 안경

Beauty lies in the love's eyes.

作文

자신의 학교나 집에서부터 공항까지 대중교통으로 가는 방법을 적어보세요.

第九課
网络的使用

インターネット使用（しよう）

자신의 관점 적어보기

자신의 관점을 적어보자

隨著數字技術的飛速發展，網路越來越被人們關注了。它既提高了我們的工作效率，又豐富了我們的生活。網路在中國雖然起步略晚，發展速度卻是一日千里。遠程教育、可視會議、電子商務、網上購物、網上炒股、網上新聞、網路遊戲、查找資料等等都開始在網上展開。如此，它在給我們帶來方便、快捷的同時也不能忽視負面影響。

第一，網路是傳播色情、暴力、賭博等不良資訊的一個主要場所。這些不良資訊對年輕人來說，身心危害很大，甚至會導致犯罪。

第二，網路具有無限吸引力。部分年輕人由於深陷網路的虛擬世界，以至於在日常生活中，如上課、工作、睡眠等，也常常想著網上空間，造成了精神不集中等情況。

第三，個人隱私難以得到保障，網路所傳輸的資訊是否健康難以知曉。

總之，世界上任何事物都有利弊，網路也是如此。我們對網路不僅要合理利用，而且要有防範意識。

生词

随着	suízhe	…에 따라
技术	jìshù	기술
飞速	fēisù	매우 빠르다
发展	fāzhǎn	발전하다
网络	wǎngluò	인터넷
关注	guānzhù	주시하다
效率	xiàolǜ	효율
起步	qǐbù	시작하다
略	lüè	조금, 약간
一日千里	yírìqiānlǐ	진전 속도가 아주 빠르다
远程教育	yuǎnchéngjiàoyù	사이버교육
可视会议	kěshìhuìyì	화상회의
电子商务	diànzǐshāngwù	전자 상거래
网上购物	wǎngshànggòuwù	인터넷 쇼핑
炒股	chǎogǔ	주식 투자를 하다
查找	cházhǎo	찾다
资料	zīliào	자료
如此	rúcǐ	이와 같다
方便	fāngbiàn	편리하다
快捷	kuàijié	빠르다
忽视	hūshì	소홀히 하다
负面	fùmiàn	반면
传播	chuánbō	전파하다
色情	sèqíng	선정적

暴力	bàolì	폭력
赌博	dǔbó	도박하다
场所	chǎngsuǒ	장소
危害	wēihài	위해
甚至	shènzhì	심지어
犯罪	fànzuì	범죄
无限	wúxiàn	끝이 없다
深陷	shēnxiàn	깊이 빠져들다
虚拟	xūnǐ	가상의
睡眠	shuìmián	수면
情况	qíngkuàng	상황
隐私	yǐnsī	프라이버시
保障	bǎozhàng	보장하다
传输	chuánshū	전송하다
是否	shìfǒu	…인지 아닌지
健康	jiànkāng	건강하다
知晓	zhīxiǎo	알다
任何	rènhé	어떠한
利弊	lìbì	좋은 점과 나쁜 점
合理	hélǐ	합리적이다
防范	fángfàn	방비하다, 대비하다
意识	yìshí	의식

语法

被字句

술어 동사 앞에 被 (让 叫 给) 주어는 문장의 앞머리에 온다.

- 보통 특징적인 것이거나 이미 알고 있는 것.
  동작의 대상이 되는 문장을 **被字句**라고 한다.
- (주어)는 -(목적어)에 의하여 -되었다.
  피동의 의미를 나타낸다.

  我的自行车被人骑走了。
  杯子被他打破了。

- **随着 : ~따라서**
  어떤 상황이 다른 상황의 발전과 변화의 원인이나 조건임을 표현하고자 할 때 사용한다.
  随着社会的发展，语言也在发展。
  随着数字技术的飞速发展，人们越来越关注网络了。

- **对… 来说 : ~에 있어서**
  对他来说这是很重要的。

- **동태조사了 : 부정문 没(有) 동사**
  小明买了书包。
  小明没买书包。

练习

○ 중작하시오.

1. "아리랑"이 중국어로 번역되었다.

2. 내 자전거를 누군가가 타고 갔다.

3. 과학기술의 발전에 따라 사람들의 생활수준이 예전보다 많이 제고되었다.

4. 나한테 있어서 이것은 아주 좋은 기회인 것이다.

5. 아버지는 나한테 컴퓨터 한 대를 사주셨다.

◎ 넌센스 퀴즈(脑筋急转弯)

什么票最值钱也最不值钱？

오늘의 속담 한마디

一见钟情

첫눈에 반하다.

Love at first sight.

作文

1. 说说你对"减肥"的看法。

作文 2. 你认为什么是“幸福”？

作文 3. 你对“饮酒”的观点是什么？

第十課
中国的饮食

食(た)べ物(もの)

음식문화 알아보기

음식문화에 대해서 알아보기

中國是一個餐飲文化大國。由於地理環境、氣候物產、文化傳統以及民族習俗等因素的影響，形成了菜系。中國飯菜種類多，其中北京烤鴨和餃子最有名。

中國地方大，所以各地飯菜的風味也不同。南方人愛吃甜的，北方人愛吃鹹的。四川菜以麻辣為主，口味濃厚。廣東菜烹調方法突出煎、炸、燴、燉等。口味是爽、淡、脆、鮮。淮揚菜的烹調技藝以燉、燜、煨，以重原汁原味，保持原汁，濃淡適宜。山東菜味道濃厚、嗜蔥蒜，尤以烹製海鮮，湯菜和各種動物內臟，海鮮，山珍為主。口味是香，鮮，脆。

中國人習慣一天吃三頓飯，吃飯的時候用筷子。

中國人十分好客，請客吃飯時一般都要準備最好的飯菜來招待客人。桌子上擺著很多菜，主人卻說：“對不起，沒有什麼菜。”菜都很好吃，可是說：“對不起，菜做得不好。”這些都是中國人用餐時的客套話。

主人先陪客人喝酒。常喝的酒有白酒、啤酒、葡萄酒等等。酒喝完了，再上飯、別的熱菜和湯。飯後一般還要喝點兒茶或吃點兒水果。

生词

餐饮	cānyǐn	요식업종
气候	qìhòu	기후
传统	chuántǒng	전통
民俗	mínsú	민속
形成	xíngchéng	형성되다
风味	fēngwèi	맛
甜	tián	달다
咸	xián	짜다
麻辣	málà	맵고 얼얼하다
浓厚	nónghòu	짙다
烹调	pēngtiáo	요리하다
煎	jiān	지지다
炸	zhá	튀기다
烩	huì	볶은 후에 소량의 물과 전분을 넣어 걸쭉하게 끓이다.
炖	dùn	푹 고다
爽	shuǎng	시원하다
淡	dàn	싱겁다
脆	cuì	바삭바삭하다
淮扬	huáiyáng	양저우
焖	mèn	푹 끓이다
煨	wēi	(약한 불에 천천히) 고다.
原汁	yuánzhī	원탕
适宜	shìyí	적절하다

嗜	shì	즐기다
葱	cōng	파
蒜	suàn	마늘
海鲜	hǎixiān	해산물
山珍	shānzhēn	풍성한 요리
筷子	kuàizi	젓가락
好客	hàokè	손님 접대를 좋아하다
招待	zhāodài	접대하다
用餐	yòngcān	식사를 하다
客套话	kètàohuà	인사말
陪	péi	모시다
汤	tāng	국

语法

비교문

- **A 跟 B 一样 : ~는 ~와 같다**

  这个字的用法跟那个字的一样。

  我的看法跟你的一样。

- **A 跟 B 一样 + 형용사**

  儿子跟爸爸一样高。

  烤鸭跟饺子一样有名。

- **A 比 B ~ : A는 B 보다~**

  说比做容易。

  韩国的冬天比北京的冬天冷。

- **A 不 如 B : A 보다 B가 더 낫다.**

  百闻不如一见。

- **最 : 가장 뛰어남.**

  饺子和烤鸭最有名。

- **由于 : … 때문에, …(으)로 인하여**

  원인을 나타내는데 뜻이다.

  由于와 因为 차이점에 대해 알아보자.

  ① 由于는 오직 앞 절에만 쓸 수 있고 因为 는 뒷 절에 쓰일 수 있다.

  最近我很忙，因为下星期开始考试。(○)

  最近我很忙，由于下星期开始考试。(×)

② 由于는 서면어에 많이 쓰이고 因为는 주로 구어에 많이 쓰인다.

③ 由于 앞 절에 쓰일 때 ,뒷 절의 앞에는 “所以、因此、因而” 등이 올 수 있다.

由于得到了老师的帮助，所以顺利完成。

练习

◎ 중작하시오.

1. 말하는 것은 행동하는 것보다 쉽다.

2. 그는 나보다 3살 더 많다.

3. 베이징은 광저우보다 춥다.

4. 아들은 아버지와 키가 같다.

5. 백번 듣는 것이 한번 보는 것보다 못하다.

6. 만두와 오리구이가 가장 유명하다.

7. 여러분들의 의견이 일치하지 않기 때문에 문제는 해결방안을 얻지 못했다.

8. 사업의 관계로 인하여 그는 베이징에 다녀와야 한다.

◦ 넌센스 퀴즈(脑筋急转弯)

谁是百兽之王？

오늘의 속담 한마디

五十步笑百步

오십 보 백보, 도토리 키 재기

The pot calls the kettle black.

作文

한국의 음식문화에 대해 소개해보세요.

第十一課
中国环境问题

環境(かんきょう)問題(もんだい)

시사문제 토론 해보기

시사문제 토론해 보기

環境問題是當今國際社會的普遍問題，是指全球環境或區域環境中出現的，不利於人類生存和發展的各種現象。隨著人口的增加、經濟的發展、高新技術的不斷湧現，21世紀給人類社會帶來進步繁榮的同時，人類正面臨環境危機，威脅著人類社會的生存和發展。中國環境十大問題有大氣污染問題、水環境污染問題、垃圾處理問題、土地荒漠化和沙災問題、水土流失問題、旱災和水災問題、生物多樣性破壞問題、WTO與環境問題、三峽庫區的環境問題、持久性有機物污染問題。大氣污染是中國目前第一大環境問題。

地球是茫茫宇宙間唯一一艘載有生命的航船，人類是這艘船上的乘客。面對地球生態環境日益惡化的現實，保護環境，拯救地球，是人類共同的責任。人類要征服自然，就必須尊重自然。只有尊重自然，遵循自然規律，才能控制自然。

生词

环境	huánjìng	환경
普遍	pǔbiàn	보편적인
全球	quánqiú	전 세계
区域	qūyù	구역
生存	shēngcún	생존하다
发展	fāzhǎn	발전하다
现象	xiànxiàng	현상
增加	zēngjiā	증가하다
高新技术	gāoxīnjìshù	첨단 기술
涌现	yǒngxiàn	한꺼번에 나타나다
繁荣	fánróng	번영하다
面临	miànlín	직면하다
危机	wēijī	위기
威胁	wēixié	위협하다
大气	dàqì	대기
污染	wūrǎn	오염시키다
垃圾处理	lājīchǔlǐ	쓰레기처리
荒漠化	huāngmòhuà	사막화되다
沙灾	shāzāi	모래 재해
流失	liúshī	유실되다
三峡库区	Sānxiákùqū	산샤댐 지역 내
持久性	chíjiǔxìng	지구성
茫茫	mángmáng	망망하다
宇宙	yǔzhòu	우주

唯一	wéiyī	유일한
一艘	yìsōu	한 척
载有	zàiyǒu	실은
航船	hángchuán	항해하는 선박
乘客	chéngkè	승객
日益	rìyì	날로
恶化	èhuà	악화되다
拯救	zhěngjiù	구조하다
责任	zérèn	책임
征服	zhēngfú	정복하다
遵循	zūnxún	따르다
规律	guīlǜ	규율
控制	kòngzhì	통제하다

语法

양사

물건의 수량을 세는 단위를 명량사라고 한다. 보통 명량사를 양사라고 부른다. 기본형식은 "수사 + 양사 + 명사"

一辆汽车　一本书　一座桥

练习

순서배열하기

1. 第　问题　是　中国　一　污染　大　环境　大气

2. 正　危机　面临　人类　环境

3. 有　的　说我　老师　写字　进步　很大

4. 是　人类　森林　赖以　生态系统中的　重要的　组成　一个部分　生存的

5. 变暖　导致　气候　温室　全球　气体　大量

적당한 양사를 적어보세요

一(　　)书	一(　　)画	一(　　)公司	一(　　)杂志
一(　　)课	一(　　)事情	一(　　)衣服	一(　　)裤子
一(　　)椅子	一(　　)信	一(　　)问题	一(　　)文件
一(　　)飞机	一(　　)电影票	一(　　)歌	
一(　　)客人	一(　　)桌子	一(　　)笔	
一(　　)照片	一(　　)话	一(　　)地图	

◎ 본문내용에 근거하여 질문에 답하시오.

1. 环境问题指的是什么？

2. 中国十大环境问题是什么？

3. 面对环境危机，人类应该怎么做？

4. 环境问题发生的根本原因是什么？

◎ 넌센스 퀴즈(脑筋急转弯)

"1 "到"100"的100个数字中，共有多少个"9"字？

오늘의 속담 한마디

不入虎穴，焉得虎子

호랑이를 잡으려면 호랑이 굴에 들어가야 한다.

If you venture nothing, you will have nothing.

作文

주변에서 일어나고 있는 환경문제에 관련하여 토론해보세요.

第十二課
中国法

中国法(ほう)

중국법 알아보기

중국법에 대해 알아보기

每個國家的政治、宗教、經濟、文化等都不一樣，法律當然也不一樣。

中國法的淵源主要以憲法為核心的各種制定法，包括憲法、法律、行政法規、地方性法規、經濟特區的規範性文件、特別行政區的法律法規、規章、國際條約、國際慣例等。政策也是當代中國法的淵源之一，政策是國家或政黨為完成一定時期任務而規定的活動準則。此外，在法學上一般也認為，習慣應視為中國法的非正式淵源。在當代中國，不採用判例法制度，判例不具有拘束力，不是法的正式淵源之一。憲法是由中國最高權力機關—全國人民代表大會制定和修改的，憲法具有最高的法的效力，一切法律、行政法規和地方性法規都不得同憲法相抵觸。在當代中國法的淵源中，法律的地位和效力僅次於憲法。法律由於制定機關的不同可分為兩大類：一類為基本法律，即由全國人大制定和修改的刑事、民事、國家機構和其他方面的規範性文件，如刑法、刑事訴訟法等；另一類為基本法律以外的其他法律，即由全國人大常委會制定和修改的規範性文件，如文物保護法、商標法等。行政法規是指國家最高行政機關即國務院所制定的規範性文件，其法律地位和效力僅次於憲法和法律。地方性法規是一定的地方國家權力機關，根據本行政區域的具體情況和實際需要，依法制定的在本行政區域內具有法的效力的規範性文件。規章是行政性法律規範文件。

憲法基本原則是--公民在法律面前一律平等。

生词

政治	zhèngzhì	정치
宗教	zōngjiào	종교
渊源	yuānyuán	연원
宪法	xiànfǎ	헌법
核心	héxīn	핵심
制定	zhìdìng	제정하다
法规	fǎguī	법규
经济特区	jīngjìtèqū	경제 특구
规范	guīfàn	규범
规章	guīzhāng	규정
条约	tiáoyuē	조약
惯例	guànlì	관례
政策	zhèngcè	정책
政党	zhèngdǎng	정당
任务	rènwu	임무
准则	zhǔnzé	준칙
习惯	xíguàn	버릇
视为	shìwéi	간주하다
采用	cǎiyòng	채용하다
判例	pànlì	판례
拘束力	jūshùlì	구속력
权力	quánlì	권력
机关	jīguān	기관
修改	xiūgǎi	수정하다

效力	xiàolì	효력
行政	xíngzhèng	행정
抵触	dǐchù	저촉되다
刑事	xíngshì	형사
民事	mínshì	민사
机构	jīgòu	기구
刑事诉讼法	xíngshì sùsòngfǎ	형사소송법
商标法	shāngbiāofǎ	상표법
国务院	guówùyuàn	국무원

练习

◎ 본문내용에 근거하여 질문에 답하시오.

1. 中国法的渊源都有哪些？以什么为核心制定？

2. 政策属于法的渊源吗？

3. 判例具有拘束力吗？

4. 具有最高的法的效力的是什么？其次是什么？

5. 法律分为哪两大类？都有哪些？

6. 宪法基本原则是什么？

7. 行政法规、地方性法规是什么？

◎ 넌센스 퀴즈(脑筋急转弯)

大象的左耳朵像什么？

오늘의 속담 한마디

书山有路勤为径，学海无涯苦作舟

학문에는 왕도가 없다.

There is no royal road to learning.

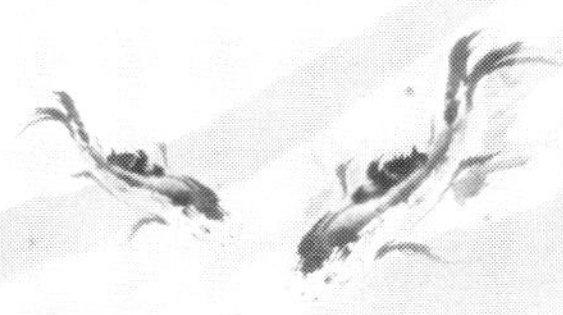

作文

자신이 알고 있는 법규지식에 관련하여 간략하게 적어보세요.

저자 소개

• 유향란(兪香蘭)

[현] 남서울대학교 중국학과 외국인교수
서울대학교 박사수료
장안대학 외국인교수
일본 동경대학교 방문학자
중국 浙江大學校 한국연구소 객좌교수

中国语作文

발 행 일 • 2012년 2월 20일

저　　자 • 유향란
발 행 자 • 최봉조
발 행 처 • 진샘미디어
주　　소 • 서울시 은평구 역촌동 58-9
부호아파트 102동 상가 5호
전　　화 • 02)353-4421
F A X • 02)353-4431

Home-page • www.jinsaem.co.kr
신고번호 • 제311-2005-000025호

I S B N • 978-89-92887-59-5 (93720)

정가 10,000원